Waldzeit zu zweit

Achtsam-sinnliche Waldbade-Übungen für Paare

Andreas Schwab

Waldzeit zu zweit

Achtsam-sinnliche Waldbade-Übungen für Paare

Impressum

Bibliografische Information der Deutschen Nationalbibliothek:
Die Deutsche Nationalbibliothek verzeichnet diese Publikation
in der Deutschen Nationalbibliografie; detaillierte
bibliografische Daten sind im Internet über http://dnb.dnb.de
abrufbar.

Herstellung und Verlag: BoD – Books on Demand,
Norderstedt

ISBN: 978-3-7534-1738-7

„Ein hübsches Pärchen ging einmal tief in des Waldes Gründe.
Sie pflückte Beeren ohne Zahl,
er schnitt was in die Rinde!"*

Wilhelm Busch

(*Anmerkung des Autors: Letzteres machen wir
beim Waldbaden unter keinen Umständen!)

Für meine Frau Claudia, die mich auf meiner Lebenskreuzung zu den Themen Natur und Achtsamkeit immer motivierend begleitet und mir stets den Rücken gestärkt hat.

Inhalt

Vorwort

Lieber Leser[1],

jetzt habe ich es tatsächlich getan. Das vor Ihnen liegende Buch ist das Ergebnis eines langwierigen Prozesses, in dem ich mir klar wurde, ob und wie ich ein Buch schreiben wollte. Und dann noch über das Thema Waldbaden! Es gibt schon so viele Bücher von Waldbade-Pionieren und Shinrin-Yoku-Expertinnen, die die Entstehungsgeschichte und die Entwicklung des Waldbadens in Japan, Deutschland und der ganzen Welt beschreiben und erläutern. Die die therapeutischen Wirkungen der Natur und insbesondere des Waldes auf Körper, Geist und Seele naturentfremdeter Zivilisationsmenschen benennen und erklären. Und die ihre Geheimtipps und Waldbadeübungen zum Besten geben, um die Anhängerschaft der Waldbadenden zu vergrößern und mit den vielfältigen Variationen wohltuender Sinnes-, Achtsamkeits- und Meditationsübungen in der Natur zu versorgen. Was kann ich also zu dem Thema noch beitragen?

---

[1] Aus Gründen der besseren Lesbarkeit wird auf die gleichzeitige Verwendung der Sprachformen männlich, weiblich und divers (m/w/d) verzichtet. Sämtliche Personenbezeichnungen gelten gleichermaßen für alle Geschlechter.

Als Kursleiter für Waldbaden und als Natur- und Achtsamkeitstrainer habe ich die größte Freude, wenn ich Partnerübungen anleiten darf und die Pärchen beim Ausprobieren beobachte. Meist entsteht hier eine ganz besondere Dynamik, und man kann die Interaktion zwischen der Natur und den beiden Akteuren noch deutlicher wahrnehmen als bei Einzelpersonen – eine weitere Dimension wird sichtbar und erlebbar. Es ist berührend zu sehen, wie ein Paar, das schon sehr lange zusammenlebt, sich und die Natur neu entdeckt. Wie ein Paar sich nach einer Achtsamkeitsübung staunend anschaut und sich in die Arme nimmt. Oder wie die Partner spielerisch die Zeit im Wald verbringen, neue Aspekte und Verhaltensweisen am anderen wahrnehmen und sich darüber austauschen.

Hiervon bin ich so begeistert, dass es immer mehr zu einer Herzensangelegenheit wurde, diesen Aspekt deutlicher herauszuarbeiten und zu teilen. Dieses Buch nimmt also Sinnes- und Achtsamkeitsübungen als Partnerübungen in den Fokus. Es beschreibt die Idee, die Umsetzung und die wahrgenommene Wirkung auf Paare, wie ich sie in vielen Waldbädern erleben und begleiten durfte.

Ein Buch für wen und für was?

Das Buch richtet sich an natur- und achtsamkeits-interessierte Paare, die sich eine sinnliche Auszeit im Wald gönnen möchten und die neugierig sind, wie die unterschiedlichen Übungen sich auf ihr Wohlbefinden, ihre Achtsamkeit und ihre Beziehung auswirken. Dabei ist es unabhängig von der Paar-Konstellation – egal ob als Liebespaar, Geschwister-paar, Eltern-Kind-Paar oder als Freundespaar. Ferner finden hier Waldbade-Kursleiter, Achtsamkeits-trainer, Paar-Therapeuten und Paar-Coaches wertvolle Impulse für ihre tägliche Praxis im Umgang mit ihren Kunden und Klienten. Zudem ergeben sich auch für das betrieblich-organisatorische Umfeld Anregungen und Ideen für die Gestaltung von Führungskräftetrainings oder Teambuilding-Maßnahmen.

Alle Übungen wirken auf die Achtsamkeit und die Sinneswahrnehmung. Damit fördern sie gleichzeitig die Empathie. Eine höhere Empathie führt zu einer festeren, reiferen Beziehung zwischen den Partnern. Das gilt auch zwischen Führungskraft und Mitarbeitern sowie unter Kollegen. Im Privaten fördert eine höhere Empathie, verbunden mit einer gesteigerten Sinneswahrnehmung und Sinneswahr-gebung (Stimulation), zu einer intimeren Beziehung. Die Partner rücken näher aneinander und erhalten doch mehr Freiheit in ihrem gegenseitigen Tun. Das stärkt wiederum die emotionale Intelligenz und ermöglicht persönliches Wachstum. Gewiss ist aber auch eines: Persönliches Wachstum fängt dort an, wo die eigene Komfortzone aufhört. Nicht jede Übung löst im ersten Moment Wohlgefallen aus. Vielleicht braucht es bei der einen oder anderen Übung ein wenig Überwindung oder ein wenig mehr Geduld. Möglicherweise müssen die Übenden sich selbst oder dem Partner mehr Vertrauen schenken, als sie es gewohnt ist. Gegebenenfalls sollten sie zudem vorher deutlich die eigenen No-Gos thematisieren, Grenzen setzen und Wünsche deutlich artikulieren. Dies ist eine ständige Übung zur Erhaltung und Erweiterung der Selbstwirksamkeit. Wenn Sie sich darauf einlassen und diese Übungen öfters ausprobieren, werden Sie schnell fühlen, wie dieses Wachstum beginnt und sich fortsetzt. Die Übungen unterstützen Sie und Ihren Partner dabei, stärker zusammenzuwachsen und auch stärker zusammen zu wachsen.

Ich wünsche Ihnen bei diesen Übungen und Ihrem Wachstumsprozess viel Vergnügen, wertvolle Erkenntnisse und sinnliche Erfahrungen.

Ihr

Andreas Schwab

Was ist eigentlich Waldbaden?

Waldbaden kommt aus dem Japanischen und heißt dort „shinrin yoku". Dieser Begriff wurde 1982 vom japanischen Landwirtschafts- und Forstministerium geprägt und kann mit „Baden in der Waldluft"

Shinrin Yoku

森 Wald

林 Gehölz

浴 baden

übersetzt werden. Waldbaden ist das achtsame, absichtslose Schlendern und Verweilen im Wald, bei dem alle Sinne weit geöffnet sind. Waldbaden wird Anfang der Achtziger Jahre des letzten Jahrhunderts in Japan als „gesunder Lebensstil" von offiziellen Stellen vorgeschlagen und hat sich in den Folgejahren als anerkannte Stressbewältigungsaktivität etabliert, die mittlerweile sogar von Ärzten verschrieben werden kann.

Waldbadegäste profitieren von den therapeutischen Wirkungen des Waldes auf den Menschen. Diese Auswirkungen und deren Ursachen werden von verschiedenen Universitäten und Fachhochschulen national und international erforscht. Unbestritten sind dabei bislang positive Einflüsse auf die menschliche Psyche, das Nerven-, Hormon- und Immunsystem. Der Aufenthalt im Wald, z.B. bei einem dreistündigen Waldbad, wirkt stress- und angstmindernd. Der Parasympathikus, der Teil des vegetativen Nervensystems, welcher für Ruhe und Entspannung zuständig ist, wird aktiviert. Dadurch werden Stresshormone wie Adrenalin und Cortisol im Körper abgebaut. Die klare, saubere Waldluft lädt zu einer vertieften Atmung ein, die diesen Prozess zusätzlich unterstützt. Dies wiederum bewirkt besseren Schlaf, mindert Grübeleien und depressive Stimmungen. Zudem wurde festgestellt, dass nach einem solchen Waldaufenthalt die Anzahl der natürlichen Killerzellen im Blut deutlich erhöht ist und diese Zellen aktiver und beweglicher sind. Diese positiven Effekte auf das Immunsystem halten sogar mehrere Tage! Wer es etwas detaillierter wissen möchte, der möge einen Blick in folgende kurze und übersichtliche Publikation werfen: *https://ihrs.ibe. med.uni-muenchen.de/mitarbeiter/wiss_mitarbeiter/ immich/friedmann2018_heilwirkung_wald.pdf* . Wer mehr Bedarf an Fachwissen hat, findet am Ende des Buchs ein reichhaltiges Literaturverzeichnis.

Was passiert eigentlich bei einem angeleiteten Waldbad?

Einfach gesagt sieht ein Waldbad wie folgt aus: Eine Gruppe von maximal 14 neugierigen, interessierten oder wald(bade)begeisterten Menschen trifft sich mit einem Kursleiter für Waldbaden. Alle tauchen langsam schlendernd, absichtslos und mit weit geöffneten Sinnen für zwei bis vier Stunden in den

Wald ein und nehmen diesen bewusst wahr. Im Gegensatz zu einem Waldspaziergang steht beim Shinrin Yoku der Wald im Fokus und ist nicht nur Kulisse. Die Teilnehmer haben keinen festen Zielpunkt und keine Kilometervorgabe, die erreicht werden müssen. Langsamkeit ist bestimmend. Das wird daran deutlich, dass je Stunde Waldbad maximal ein Kilometer an Strecke zurückgelegt wird. Zudem wird der Wald auch abseits der Wege erkundet.

Der Kursleiter spricht Einladungen zu verschiedenen Sinnes- und Achtsamkeitsübungen aus, um das Erleben der Teilnehmer zu vertiefen oder zusätzliche Impulse zu liefern. Sanfte Bewegungsübungen aus dem Yoga oder Qi-Gong sowie Meditationen werden angeleitet und regen zum Mitmachen an. Die Teilnehmer lernen Übungen kennen, die sie auch außerhalb des Waldes und im Alltag nutzen können, um zur Ruhe zu kommen und zu entspannen. Zwischen den Übungen wird immer wieder geschlendert – mal schweigend, mal sich leise mit einem anderen Teilnehmer austauschend.

Viele Kursleiter gestalten ein Waldbad auch thematisch, so z.B. als meditatives Waldbad mit einem stärkeren Anteil unterschiedlicher Meditationen oder als literarisches Waldbad, bei dem Gedichte und Geschichten vorgelesen werden.

Die zehn Zutaten für ein Waldbad

Die Deutsche Akademie für Waldbaden und Gesundheit vermittelt in der Ausbildung „Kursleiter*in für Waldbaden und Achtsamkeit im Wald" eine „Zutatenliste" für ein gelungenes Waldbad. Ich finde, es ist ein Erfolgsrezept und bringt es kurz und knackig auf den Punkt:

1. Schlendern
2. Rasten und Innehalten
3. Sinne weit öffnen
4. Staunen
5. Achtsamkeit
6. Meditation
7. Atmen
8. Sanfte Bewegung
9. Augenentspannung
10. Solozeit

Achtsamkeit und Empathie

An dieser Stelle möchte ich gerne noch einmal kurz die Begriffe der Achtsamkeit und der Empathie aufgreifen. Oftmals werden diese Worte im Alltag leichthin gebraucht, jeder hat seine eigene Vorstellung von ihrer Bedeutung. Gleichzeitig gibt es jedoch auch umfangreiche und detailspezifische Fachliteratur, die diese Themen sehr eingehend beleuchten. Für meine Zwecke in diesem Buch halte ich es pragmatisch und kurz.

Achtsamkeit

Meine Definition für Achtsamkeit:

Achtsamkeit ist eine besondere Form der Aufmerksamkeit, bei der man bewusst und urteilsfrei wahrnimmt, was im gegenwärtigen Moment ist.

Für mich bedeutet das, ...
... im Hier und Jetzt sein
... bewusst wahrnehmen
... ohne zu bewerten.

Achtsamkeit ist somit mehr eine Lebenseinstellung als eine konkrete Verhaltenssituation. Diese Haltung darf in unserer hektischen Zeit ständig trainiert werden und trägt dann die entsprechenden Früchte.

Empathie

Empathie ist die Fähigkeit und Bereitschaft, Emotionen, Empfindungen, Gedanken, Motive und Persönlichkeitsmerkmale eines anderen zu erkennen, zu verstehen und nachzuempfinden.

Empathie wird von vier Säulen getragen:

1. Wahrnehmung: Wie geht es dem anderen?
2. Verständnis: Warum geht es ihm so?
3. Resonanz: Wie reagiere ich darauf?
4. Antizipation: Wie wird er weiterhin reagieren?

Achtsamkeit und Empathie, gefördert durch die Übungen in diesem Buch, gehen also Hand in Hand: Das bewusste Einlassen auf den Partner, im gegenwärtigen Moment wahrnehmen, was er empfindet und zu antizipieren, was als nächstes geschieht.

Die Natur, insbesondere der Wald, unterstützt uns dabei, achtsam zu sein, Empathie zu entwickeln und uns auf Dinge einzulassen. Das Psychologen-Ehepaar Kaplan und Kaplan beschreibt dies in seiner Attention-Restauration-Theory (Wiederherstellung der Aufmerksamkeitsfähigkeit) sehr gut.

Folgende Punkte werden hierfür angeführt:

- Weg-sein: Die Natur ermöglicht Abstand zum Alltag.
- Faszination: Die Natur provoziert Aufmerksamkeit, die nicht anstrengt.
- Ausdehnung: Die Natur ermöglicht das Gefühl, sich mit ihr verbunden zu fühlen.
- Kompatibilität: Die Natur ist nicht perfekt und erwartet das auch von niemandem. Dadurch bietet sich einer Person die Möglichkeit zu tun, was ihren Bedürfnissen entspricht.

Jeder von Ihnen wird sich an Momente im Freien erinnern, in denen er von der Natur oder Tätigkeiten in der Natur so gefesselt war, dass er die Welt ringsherum vergaß und sich im „Flow" fühlte. Im Hier und Jetzt.

Und los geht´s – der Übungsteil

Um die Partnerübungen zu beschreiben, habe ich mich dazu entschieden, konkrete Namen anstatt anonymer Beschreibungen wie Partner 1 oder Partner 2 zu verwenden. Darf ich Ihnen mein Paar vorstellen? Voilà: Alex und Sam. Ob diese Namen weibliche, männliche oder diverse Protagonisten darstellen, überlasse ich Ihnen, liebe Leser.

Mit den folgenden Übungen habe ich besonders gute Erfahrungen machen dürfen, genau wie die an meinen Waldbädern teilnehmenden Paare. Die Reihenfolge der Übungen orientiert sich an der „Dramaturgie" eines Waldbads mit einer Anfangs- und Ankommensphase, dem vertiefenden Hauptteil und der ausklingenden Schlussphase.

Gemeinsam atmen

„Leben ist das Einatmen der Zukunft."

Pierre Leroux

Zu Beginn des Waldbads ist es wohltuend, erst einmal zur Ruhe zu kommen. Hierfür bietet sich eine Atemübung an.

Variante 1: Sam und Alex stehen einander gegenüber, gerade außer Reichweite. Beide stehen aufrecht, würdevoll und entspannt, die Füße in bequemem Stand fest auf dem Boden. Zunächst nehmen beide wahr, wie es sich anfühlt, so auf dem Boden zu stehen und wie es den Füßen und Zehen damit geht. Gerne dürfen beide die Augen schließen und den eigenen Atem beobachten: Spüren, wie der Atem ein- und ausströmt und wie sich die Bauchdecke weitet und zusammenzieht. Anschließend öffnet Sam die Augen. Alex lässt sie geschlossen und atmet im eigenen Rhythmus weiter. Sam beobachtet Alex beim Atmen und versucht, Alex´ Atemrhythmus aufzunehmen, die eigene Atmung also dem Tempo anzupassen. Dabei darf Alex in sich hineinspüren und wahrnehmen, welche Wirkung dies hat und wie es sich anfühlt. Nach rund zwei Minuten wird gewechselt. Im Anschluss tauschen sich beide über ihre Wahrnehmungen und Empfindungen aus.

Variante 2: Sam und Alex stellen sich Rücken an Rücken, wiederum in der würdevollen Standposition (wie in Variante 1). Anstatt zu schauen, erspürt Sam mit dem Rücken Alex´ Atemrhythmus und passt sich ihm an. Zugleich spürt Alex dabei Sams Atembewegungen. Beide fühlen, ob sie synchron atmen oder ob sich kleine Veränderungen ergeben – wie lange es dauert, bis sich der gleiche Rhythmus wieder eingestellt hat. Mit geschlossenen Augen ist die Wahrnehmung noch intensiver. Ein wechselseitiges Spielen mit dem Atemtempo kann sich von allein zwischen den beiden ergeben. Wenn beide währenddessen in sich hineinfühlen und ihre Empfindungen wahrnehmen, kann sich nach Beendigung der Übung ein interessanter Austausch ergeben.

Variante 3: Es geht noch ein Stückchen intimer. Alex stellt sich hinter Sam und legt die Hände auf Sams Bauch (in Höhe des Bauchnabels). Nun nimmt Alex Sams Atembewegung direkt über die Hände wahr und kann den eigenen Atemrhythmus anpassen. Zudem gesellt sich die olfaktorische Erfahrung, wie Sam gerade duftet. Diese Variante kann mit geöffneten oder geschlossenen Augen durchgeführt werden. Mit geöffneten Augen ist diese sehr reizvoll, wenn man hintereinander sitzt und eine schöne Aussicht genießen kann. Erneut wird bewusst den Empfindungen nachgespürt. Nach einem Positionswechsel tauschen sich beide über ihr Erleben aus.

Anstatt nur eine Variante auszuprobieren, können Sie eine gemeinsame Atemreise antreten, die mit Variante 1 beginnt und mit Variante 3 endet. Mit jeder Etappe rücken Sie beide ein bisschen näher zusammen und gleichzeitig werden die Sinneseindrücke vielfältiger.

Paar-Schlendern

„Einfach wieder schlendern,
ohne höh'ren Drang
Absichtslos verweilen
in der Stille Klang."

Konstantin Wecker

Schlendern ist ein bewusster Ausdruck von Langsamkeit und Entschleunigung. Es zeichnet sich dadurch aus, dass man immer mal wieder stehen bleibt, um etwas bewusst wahrzunehmen: das Kleid oder den Pullover im Schaufenster, die Torten oder die Süßigkeiten beim Konditor, den Springbrunnen mit seinen Fontänen oder die spielenden Kinder drumherum. Und auch im Wald lädt uns vieles zum Schlendern, Staunen und Bewundern ein: die mächtig ausladende Eiche, deren Äste im Wind schwanken, der Mistkäfer, der auf dem Rücken liegend mit seinen Beinchen strampelt, Blüten an Sträuchern, die von emsigen Bienen angeflogen werden und so vieles mehr. Und nicht nur visuelle Reize laden zum Innehalten ein. Vielleicht kitzelt der herb-moosige Duft des Waldes in der Nase, der Schrei eines Raubvogels dringt ins Ohr oder der Wind streichelt die Haut. Schlendern als Paar kann sehr bereichernd sein – zwei Personen erleben zur gleichen Zeit unterschiedliche Sinneseindrücke und machen sich gegenseitig auf etwas aufmerksam.

Für Sam und Alex könnte das Schlendern zum Beispiel so aussehen: Beide nehmen ein Passepartout oder einen Bilderrahmen zur Hand. Sie ziehen langsam, schweigend los und betrachten auf ihrem Weg die Umwelt durch den Rahmen. Je nachdem, wie weit der Rahmen vom Auge entfernt ist, ergibt sich ein größerer oder kleinerer Betrachtungsausschnitt. Man kann also fokussieren oder den Blick weiten. Manchmal  wirkt das Fokussieren wie ein Heranzoomen. Plötzlich erkennt man Muster, Strukturen oder Bilder in Gegenständen, die man sonst nie wahrgenommen hätte. Es lohnt sich, oft stehen zu bleiben und die Perspektive zu verändern. Und weil man ja zu zweit unterwegs ist, entdeckt man noch viel mehr. Unter dem Motto „Komm, ich zeig dir was Schönes!" können sich Sam und Alex gegenseitig auf ihre Entdeckungen aufmerksam machen – ohne zu sprechen! Alex gibt Sam ein visuelles Zeichen, zum Beispiel ein Winken, und positioniert den Rahmen so, dass Sam hindurchblicken und die gleiche

Entdeckung machen kann. Sam würdigt dies und geht mit einem Nicken auf das Gezeigte ein.

Dabei muss nicht zwangsläufig der Sehsinn im Vordergrund stehen, wenngleich er natürlich der Sinn ist, über den wir die meisten Informationen aufnehmen. Wenn Sam etwas Interessantes riecht, kann durch ein vernehmliches Schnuppern Alex´ Aufmerksamkeit geweckt werden. Gibt es Geräusche, auf die man hinweisen möchte, kann man seine Hand ans Ohr legen und den Kopf in Richtung des Geräuschs drehen. Durch Berühren, Streicheln oder Umfassen signalisiert man, dass es etwas Spannendes für den Tastsinn zu erfahren gibt.

Dieses Paar-Schlendern kann zwischen zehn und 30 Minuten dauern. Zum Ende der Übung sprechen Alex und Sam darüber, was sie sonst noch alles wahrgenommen haben und was für sie an den gegenseitigen Entdeckungen besonders eindrucks-voll war.

Als Alternative zum Passepartout kann man auch ein Dia-Rahmen nutzen. Der Bildausschnitt wird kleiner und fokussierter, Miniaturen rücken nochmal stärker ins Licht. Zudem werden Sie feststellen, dass auch der Aktionsradius, in dem Sie sich bewegen, kleiner wird.

Klangspiele im Wald

„Ein einziger schöner Klang ist schöner als langes Gerede."

Josef Joubert

Lärm kann ein echter Stressfaktor sein. Wer kennt nicht die Unruhe und die Kopfschmerzen, wenn man ständig von Verkehrslärm beschallt wird, irgendwelche Telefone klingeln, Smartphones Signaltöne trällern oder der Presslufthammer auf der Baustelle nebenan schon gefühlte fünf Stunden nicht nur das Mauerwerk, sondern auch die Trommelfelle penetriert. Dann wünschen wir uns gerne ans Meer, um den Wellen zu lauschen; oder in den Wald mit seinem Vogelgezwitscher und seiner lärmdämpfenden Eigenschaft. Interessant: Der Wald reduziert bereits 100 Meter vom Waldrand entfernt bis zu 50 Prozent der Zivilisationsgeräusche!

Nachdem Sam und Alex mit dem Schlendern tief in den Wald eingetaucht sind, bietet es sich an, die Fülle der Geräusche wahrzunehmen – und vielleicht die **Stille zwischen den Geräuschen**. Diese Klangspiel-Paarübung ist besonders schön, wenn man Hörkarten einbezieht. An einem Platz, der beiden gut gefällt, lassen sich Alex und Sam nieder. Sie haben eine gemeinsame Hörkarte und jeweils einen Stift. In der kommenden Viertelstunde lauschen sie schweigend den Klängen um sich herum. Das können sie auch mit geschlossenen Augen tun. Geräusche, die sie hören, skizzieren oder malen Sie zwischendurch auf die Hörkarte. Sie werden feststellen, dass das lustig werden kann, je nachdem wie begabt und ausgeprägt die Malkünste sind.

Übrigens: Lachen ist erlaubt und ein wunderschönes Geräusch!

Wie üblich tauschen sich die beiden über das Wahrgenommene und gerne auch über die entstandenen Meisterwerke aus.

Eine weitere Option ist es, schweigend Rücken an Rücken zu sitzen und zu lauschen. Jeder hat seine eigene Hörkarte und befüllt diese. Im Anschluss gleichen die beiden den Inhalt ihrer Hörkarten ab und bewundern die jeweils entstandenen grafischen Leistungen.

Wenn man sich bei dieser Übung an den Händen hält und nur mit der freien Hand malt, kann man immer dann, wenn absolut nichts zu hören ist, kurz die Hand des anderen drücken, um zu signalisieren, dass man genau in diesem Moment die Stille zwischen den Geräuschen wahrnimmt. Ein wundervoller Moment!

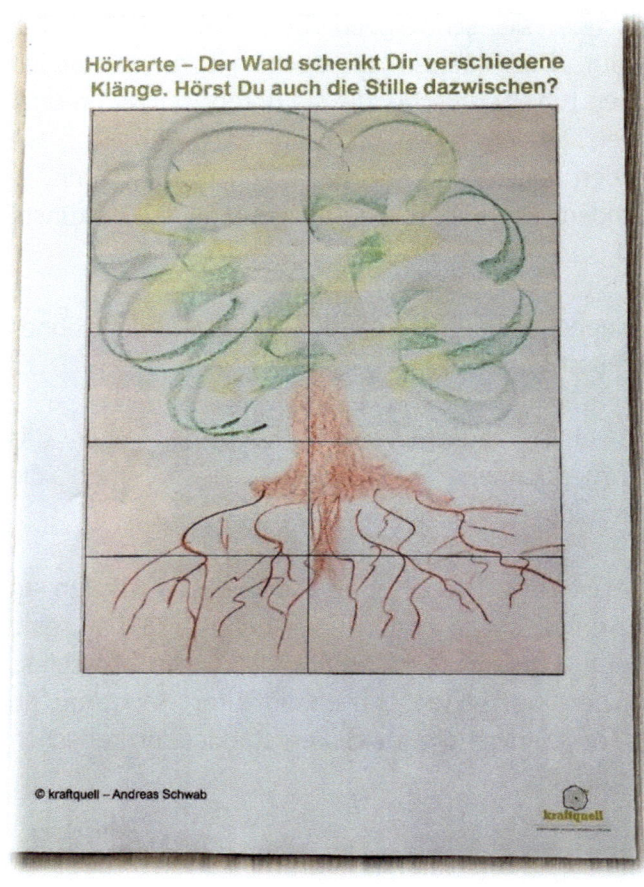

Beispiel für eine Hörkarte

Eine andere beeindruckende Übung zu den Klängen des Waldes ist das **Waldorchester**. Alex darf dabei die Augen schließen, während Sam ein Naturmaterial aussucht, mit dem man Geräusche machen kann. Sam führt das im Wald Gefundene dicht an Alex´ Ohr und erzeugt Klänge. Alex lauscht und beschreibt mit Adjektiven, wie es klingt: raschelnd, trocken, feucht, glitschig, dumpf, hell, leise.... Und dann darf Alex raten, um welchen Gegenstand es sich handelt. Anschließend werden die Rollen getauscht und Sam darf hören und beschreiben.

Wiederholen Sie das, so oft Sie möchten und Spaß daran haben.

Das **Waldtelefon** führt uns ganz nahe an den Baum. Hierfür suchen sich Alex und Sam einen größeren Baum aus. Für diese Übung gut geeignet sind zum Beispiel Buchen, da sie eine glatte Rinde haben. Alex und Sam begeben sich zu dem ausgewählten Baum, Alex legt das Ohr an den Stamm und schließt die Augen. Sam kann nun mit den Fingernägeln an der Rinde entlangfahren oder sanft an den Stamm klopfen – mit der flachen Hand, mit den Fingerknöcheln, mit einem gefundenen Ast oder einem Steinchen. Alex nimmt dabei die entstehenden Geräusche wahr und darf raten, womit und wie Sam die Klänge entstehen lässt. Vielleicht fallen Sam andere Möglichkeiten und Hilfsmittel ein, dem Baum weitere, unterschiedliche Töne zu entlocken. Nach einer Weile können die beiden die Rollen tauschen.

Übrigens: Sollte ein gefällter Baumstamm entlang des Weges liegen, so kann einer von ihnen sein Ohr an das eine Ende des Stammes legen und der Partner Geräusche am anderen Ende des Baumstamms erzeugen. Sie werden erstaunt sein, wie laut und klar Sie diese Töne wahrnehmen, selbst wenn zehn Meter Stammholz dazwischen liegen. Probieren Sie das unbedingt mal aus.

Jetzt wird´s rhythmisch: **Wald-Percussion!** Alex und Sam suchen sich jeweils wieder Naturmaterialen, mit denen sie Geräusche erzeugen können, zum Beispiel Steine, um sie gegeneinander zu schlagen oder Äste, mit denen man an einen Baumstumpf klopfen kann. Alex gibt jetzt einen Rhythmus vor. Sam nimmt diesen auf und es entsteht ein Gleichklang. Nach zehn Durchgängen ändert Sam den Rhythmus, während Alex den ursprünglichen beibehält. Das Ergebnis ist ein vielschichtiger, sich ergänzender Klang. Anschließend übernimmt Sam die Vorgabe und Alex folgt, um später eine Variante zu Sams Rhythmus einzubringen.

Wechseln Sie ein paar Mal hin und her und probieren Sie unterschiedliche Materialien aus. Diese klingen anders und setzen neue Akzente.

Hier ein paar Vorschläge an Rhythmen, mit denen Sie starten können:

Alex	Sam
OOOO OOOO OOOO	!O!O !O!O !O!O
!OO !OO !OO	!-- !-- !!!
OO! OO! OO!	--!!! --!!! --!!!
!OO! !OO! !OO!	!!!! !!!! !!!!
!!! OOO !!! OOO	--! --! --! --!

O = Schlag   ! = betonter Schlag   - = Pause

Blind riechen

„Es gibt Düfte, frisch wie Kinderwangen,
süß wie Oboen, grün wie junges Laub.
Verderbte Düfte, üppige, voll Prangen,
wie Weihrauch, Ambra, die zu uns im Staub
den Atemzug des Unbegrenzten bringen!
Und unserer Seele höchste Wonnen singen."

Charles Baudelaire

Der Geruchssinn ist ein ganz Besonderer: Während akustische, visuelle und haptische Reize in der Großhirnrinde verarbeitet werden, landen Gerüche und Düfte direkt im limbischen System, einem entwicklungsgeschichtlich sehr alten Teil des menschlichen Gehirns. Es ist zuständig für die Verarbeitung von Emotionen und auch das Triebverhalten entsteht hier. Nicht umsonst hat das Thema Partnerwahl damit zu tun, dass „man sich riechen kann". Zudem sind Düfte sehr eng mit Erinnerungen verknüpft und können längst vergessene Erlebnisse und Erfahrungen wieder ins Gedächtnis rufen. Wer von Ihnen erinnert sich nicht an den Geruch von Weihnachtsplätzchen in der Kindheit oder wie die Haut der ersten großen Liebe beim Küssen roch? Ebenso dürfte jeder den herben Geruch von leichtem Regen auf heißem Asphalt oder Straßenpflaster an einem schwülen Sommertag kennen. Dieser weckt sicherlich Erinnerungen an die erlebten Sommergewitter.

Alex und Sam stellen nun den Duft des Waldes in den Mittelpunkt ihres Waldbads. Der Wald verströmt stets viele unterschiedliche Aromen – abhängig von Wetter, Jahres- und Tageszeit. Mit der folgenden Partnerübung taucht das Paar noch tiefer ein. Alex und Sam stehen sich gegenüber, Sam schließt die Augen. Alex sucht drei verschiedene Naturgegenstände und hält sie Sam der Reihe nach vorsichtig unter die Nase. Sam erschnuppert blind die Gerüche, die davon ausgehen und beschreibt sie mit Adjektiven, ohne gleich den vermuteten Gegenstand zu benennen. Die unterschiedlichen Materialien zeigen auf, welche Bandbreite an Düften der Wald zu bieten hat. Zum Schluss darf Sam natürlich raten, um was es sich bei den Riechobjekten gehandelt hat. Überraschung beim Öffnen der Augen nicht ausgeschlossen. Danach wird gewechselt und Alex darf blind riechen.

Wichtig: Bitte klären Sie, bevor Sie diese Übung mit Ihrem Partner durchführen, ob es Tabus hinsichtlich bestimmter Gerüche oder Naturmaterialien gibt und ob Allergien bestehen, die dieser Übung entgegenstehen.

Ich empfehle zudem, nicht mehr als drei Gegenstände hintereinander zu erschnüffeln, da unser Geruchssinn mit steigender Anzahl an Düften nicht mehr so gut differenzieren kann. Nach einer längeren Pause können Sie aber, wenn Ihnen die Übung viel Vergnügen bereitet hat, einen weiteren Durchgang starten.

Blind fühlen

„...und manchmal spricht eine einfache Berührung lauter als tausend Worte."

Verfasser unbekannt

Emilie Pikler, ungarische Kinderärztin und Kleinkindpädagogin, formulierte, dass Berührung das Fundament jeder Beziehung sei – der Beziehung zu anderen und zu sich selbst[2]. Oftmals nutzen wir unseren Tastsinn, wenn der Sehsinn ausgeschaltet ist. Und schließen wir nicht gerne die Augen, wenn wir gestreichelt und gekost werden? Der Tastsinn verbindet Menschen mit Menschen und Menschen mit Dingen. Er überbrückt Entfernungen. Wenn wir jemanden berühren, sind wir ihm nah. Der Wald fördert unseren Tastsinn auf mannigfaltige Weise: die Rinde eines Baumes mit den Händen spüren, barfuß über Moos wandeln oder beim Blätter-in-die-Luft-werfen.

An die Übung „Blind riechen" kann sich diese Partnerübung nahtlos anschließen. Wieder stehen sich beide gegenüber, Alex schließt die Augen und

---

[2] *Allwörden, v. M. & Drees, F. (2004): Expertengespräch „Bildungsqualität von 0-3". Gütersloh: Bertelsmann Stiftung. Unveröffentlichtes Vortragsskript.*

Sam sucht einen Gegenstand aus dem Wald und legt diesen in Alex´ Hand. Alex ertastet, fühlt und beschreibt erneut kleinteilig mit Adjektiven das Wahrgenommene. Dabei stehen Alex nicht nur die Hände zur Verfügung; auch Wange und Lippen eignen sich gut, um Oberflächen zu erspüren. Wie gehabt werden danach die Rollen gewechselt. Je nach Lust und Laune können Sie mit weiteren Waldgaben diese Übung wiederholen. Als Variante können Sie auch mal versuchen, nur mit den nackten Füßen den Gegenstand zu erfühlen.

Die Übungen „Blind fühlen" und „Blind riechen" lassen sich wunderbar kombinieren. Probieren Sie beide Übungen aus und erleben Sie die Unterschiede.

Wichtig: Sprechen Sie bei dieser Übung, genau wie bei der vorherigen, über bestehende Berührungs-Tabus und Allergien. Nicht jeder mag oder darf einen glitschigen Pilz oder eine pollenüberladene Blüte anfassen.

Blindes Vertrauen – WaldverFÜHRUNG

„Nichts kann den Menschen mehr stärken als das Vertrauen, das man ihm entgegenbringt."

Adolf v. Harnack

Das Wort Verführung beinhaltet das Wort Führung. Vertrauen, mitunter gar blindes Vertrauen, ist die Basis einer erfolgreichen Verführung und des Geführt-werden-wollens. Führen und geführt werden – ein stetiges Wechselspiel in einer Partnerschaft und auch in anderen menschlichen Beziehungen.

Im Wald nähern Alex und Sam sich diesen Themen ganz spielerisch: Ausgangspunkt ist ein breiter und befestigter Waldweg. Alex schließt die Augen, Sam übernimmt die Führung. Schweigend führt Sam Alex nun den Weg entlang. Dabei trägt Sam die Verantwortung dafür, dass Alex nicht stolpert und sich nicht verletzt. Ob Sam Alex an den Oberarmen hält, beide Hand in Hand gehen oder Sam Alex´ Hände auf die Schultern legt, bleibt beiden frei. Sam darf gerne auch mal Kurven gehen, stehen bleiben oder den etwas „wilderen" Wegesrand nutzen – immer unter der Prämisse, dass Alex sich gefahrlos bewegen kann.

Alex wiederum spürt ganz bewusst in sich hinein und nimmt war: Wie sicher fühle ich mich? Ist das Geh-Tempo gut für mich? Wie fühlt sich der Untergrund an? Was nehme ich sonst noch um mich herum wahr? Gleichzeitig hat Alex auch die Pflicht, Sam mitzuteilen, wenn etwas überhaupt nicht passt: die Geschwindigkeit oder die körperliche Weise der Führung beispielsweise. Nach drei bis fünf Minuten darf gewechselt werden. Nun wird Sam blind von Alex geführt. Anschließend tauschen sie sich über ihre Empfindungen und Wahrnehmungen aus.

Diese Partnerübung kann vom Schwierigkeits- und Vertrauensgrad variiert und gesteigert werden. Die eben beschriebene Übung als erste Stufe und der intensive Austausch zwischen den Partnern sind eine gute Vorbereitung für die folgenden Abwandlungen.

Hierfür verlassen Alex und Sam den Waldweg und nutzen das wildere Gelände im Wald. Es sollte einigermaßen flach und nicht zu dicht bewachsen sein. Eine weitere unabdingbare Voraussetzung ist, dass zum Führen ein sehr sicherer Griff genutzt wird. Beispielsweise der, den Altenpfleger anwenden, wenn sie Personen führen, die beim Gehen gestützt werden müssen. Dabei wird Sams rechter Arm unter Alex´ Schulter entlang gestreckt und Sams rechte Hand fasst Alex´ linke:

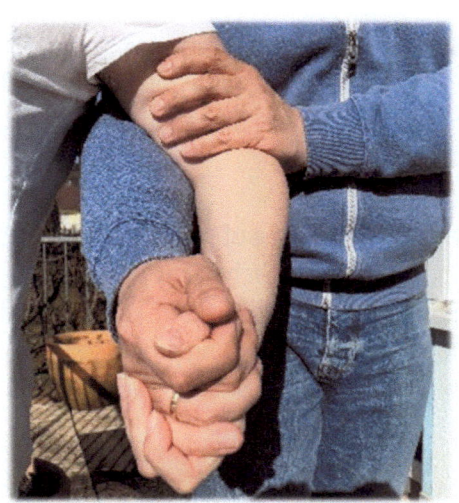

So wird eine stabile, sichere Führung gewährleistet und Richtungsänderungen können frühzeitig durch einen Bewegungsimpuls der Hände kommuniziert werden. Das ist wichtig, da auch diese Übung in Stille stattfindet.

Nun führt Sam Alex blind durch den Wald. In der Regel ist das Geh-Tempo deutlich langsamer als auf dem Waldweg. Das gibt Alex die Zeit und die Möglichkeit, Eindrücke intensiver wahrzunehmen. Nach drei bis fünf Minuten erfolgt der Wechsel – es sei denn, jeder möchte in seiner Rolle noch ein wenig länger verbleiben. Es ist sicher spannend, Alex und Sam zu lauschen, wenn sie sich nach der Übung über das Erlebte und Empfundene ausführlich austauschen.

Mit der **Schlenderpuppe** gibt es eine weitere Steigerung der Übung, die eine intensive Erfahrung sowohl für den Geführten als auch den Führenden verspricht.

Diese Variante wird nur auf geraden und ebenen Wegen ausgeführt, denn Sicherheit geht vor!
Anstatt mit einem festen Griff wird nunmehr ausschließlich durch Bewegungsimpulse geführt – nonverbal und weiterhin in Stille.

Alex stellt sich hinter Sam. Sie vereinbaren Zeichen als Bewegungsimpulse. Folgende haben sich in der Praxis gut bewährt:

- Antippen des Rückens: Geh geradeaus los in deinem Tempo.
- Doppeltes Antippen des Rückens: Geh etwas schneller.
- Antippen der linken Schulter: Wende dich nach links.
- Wiederholtes Antippen der linken Schulter: Stärker nach links.
- Antippen der rechten Schulter: Wende dich nach rechts.
- Wiederholtes Antippen der rechten Schulter: Stärker nach rechts.
- Hand auf den Kopf: Stehen bleiben!

Alex startet die Übung durch Antippen von Sams Rücken. Nach wie vor ist Alex verantwortlich für Sams Sicherheit und muss die Augen offenhalten, um rechtzeitig auf Hindernisse zu reagieren. Alex lenkt Sam mit den verabredeten Zeichen: mal rechts, mal links, mal innehalten, mal schneller gehen. Nach drei bis fünf Minuten wird die Führungsrolle gewechselt. Im Anschluss sprechen beide über die wahrgenommenen Empfindungen.

Interessant ist hier das individuelle Zeitempfinden bei den unterschiedlichen Varianten. Achten Sie einmal bewusst darauf und vergleichen Sie, wie Sie das Verstreichen der Zeit empfunden haben.

Finde und erkenne deinen Baum

> *„Die Erde bindet den Baum für seine Dienste an sich, der Himmel verlangt ihm keine Gegenleistung ab."*
>
> Rabindranath Tagore

Da Alex und Sam mittlerweile geübt sind im gegenseitigen Blind-Führen, ist das Spiel **Finde und erkenne deinen Baum** eine sehr sinnliche Erfahrung. Alex schließt die Augen, Sam sucht einen Baum aus und führt Alex nun zu diesem hin; jedoch nicht auf geradem Weg, sondern auf möglichst einfallsreichen – aber sicheren – Umwegen. Wenn beide den Baum erreichen, erkundet Alex, weiterhin blind, diesen mit allen möglichen Mitteln: umfasst und misst den Stamm mit den Armen, erfühlt die Beschaffenheit der Rinde mit den Händen oder der Wange, umrundet den Baum und tastet nach Besonderheiten wie Moosbewuchs, Ästen und Stümpfen, erforscht die Wurzelform oder riecht an verschiedenen Stellen – und macht sich so ein Bild des Baumes, um ihn später wiederzuerkennen. Sam achtet dabei auf Alex´ Sicherheit. Sobald Alex glaubt, den Baum zu kennen und wiedererkennen zu können, führt Sam Alex zum Ausgangspunkt zurück. Wie auf dem Hinweg darf Alex´ Orientierungssinn zum Beispiel durch Hakenschlagen, wiederholte Rechts- und Linkskurven sowie mehrfaches Drehen um die eigene Achse verwirrt werden. Alex öffnet nun die Augen und versucht, den erkundeten Baum zu entdecken. Gern darf Alex zu den vermuteten Kandidaten gehen, diese untersuchen, abtasten und befühlen – und, nach ein wenig Tuchfühlung mit mehreren in Frage kommenden Bäumen, den richtigen erkennen. Nun geht Sam auf Baum-Entdeckungsreise.

Bei dieser Übung kommen Sie so richtig nah an den Baum heran. Lassen Sie sich Zeit bei der Erkundung des Baums, nehmen Sie alles ganz bewusst wahr: die Struktur und den Geruch der Rinde, die Weichheit und den Duft des Mooses, die Konsistenz der Blätter. Wenn Sie den Umfang des Baumes mit den Armen vermessen, verweilen Sie dabei eine kurze Zeit und spüren in sich hinein, was das mit Ihnen anstellt. Ja, sie haben gerade einen Baum umarmt!

Mit den Augen des anderen

„Was wäre, wenn wir mit den Augen des anderen sähen? Wäre unser Beige schon sein Braun? Was ist überhaupt Braun? Wo fängt sein Grün an? Wann hört sein Gelb auf und wird zu Orange?"

Stefanie Badem

Die Dinge aus einem anderen Blickwinkel zu betrachten, die Perspektive zu wechseln, kann sehr bereichernd sein und fördert die Empathie. Uns wird ein Teil der Welt des Partners sichtbarer und erlebbarer. Man erfährt mehr übereinander und lernt voneinander.

Folgende Übung kann dazu einen Beitrag leisten: Sam schließt die Augen und wird von Alex zu einem Platz geführt, der Alex gut gefällt. Beide machen es sich gemütlich und Alex beschreibt Sam ausführlich und detailreich, was zu sehen ist, zum Beispiel einen Baumstumpf: Wie groß ist er? Welche Farben hat der Stumpf? Was wächst darauf? Welche Tiere krabbeln an den Rändern? Gibt es Pilze oder Moos am Stamm? Wie hell oder dunkel ist das Grün des Mooses? Wie sieht die Umgebung des Baumstumpfes aus?

Bei Sam bildet sich durch diese genaue Beschreibung ein inneres Bild, Sams Vorstellung der Szenerie wird farbiger und lebendiger. Wenn Alex nichts weiter zu beschreiben einfällt, öffnet Sam die Augen und vergleicht das geistige mit dem realen Bild. Beide tauschen sich darüber aus: Was war genau wie in der Vorstellung? Was war völlig anders? Für was hätte Sam andere Worte gewählt oder welche haben es genau getroffen? Welche Stimmung entwickelte sich während der Schilderung? Was hat Sam dabei empfunden? Natürlich freut sich Alex jetzt auf Sams Waldperspektive und schließt die Augen.

Seien Sie gespannt und neugierig auf die Bilder, die bei dieser Übung in Ihrem Kopf entstehen. Lernen Sie die Sichtweise Ihres Partners kennen und schätzen.

Der Waldspiegel

„Beziehung ist der Spiegel, in dem wir uns selbst so sehen, wie wir sind."

Jiddu Krishnamurti

Die Perspektive zu wechseln, lässt uns kreativ werden. Wenn wir öfters andere Sichtweisen einnehmen, werden im Gehirn Neuronen neu vernetzt. Dies hat zur Folge, dass wir ideenreicher und flexibler werden. Der Waldspiegel ist die Übung, die meine Waldbade-Teilnehmer am häufigsten zu ihrer Lieblingsübung erklären. Sie lässt uns staunen, zeigt uns Überraschendes und ist sehr vielseitig.

Für diese Übung benötigen Sie einen Spiegel. Dieser sollte nicht zu klein sein, empfehlenswert sind z.B. Spiegelfliesen in der Größe 15 mal 15 Zentimeter, die in jedem Baumarkt für einen geringen Betrag erhältlich sind.

Alex und Sam nutzen diesen Spiegel zu zweit. Zunächst suchen sich die beiden gemeinsam einen Baum aus. Mit dem Spiegel können beide den Stamm aus verschiedenen Blickwinkeln betrachten, seine Größe und die Oberflächenstruktur der Rinde aus einer anderen Sicht wahrnehmen. Ein gemeinsamer Blick in die Krone des Baums ist gerade bei vollem Blätterdach sehr reizvoll. Vielleicht geht ein leichter Wind und beide sehen die Bewegungen der Blätter oder entdecken Vögel, die in der Baumkrone sitzen oder vorbeifliegen. Dieser ungewohnte Blickwinkel ist spannend und vermittelt gleichzeitig ein Gefühl der Leichtigkeit.

Vielleicht halten Alex und Sam den Spiegel mit den Händen über sich und betrachten den Stamm und sich selbst aus der Vogelperspektive. Die beiden gehen weiter auf Entdeckungstour am und um den Baum; halten den Spiegel beispielsweise unter

Krautpflanzen und betrachten die Unterseite ihrer Blätter. Oder sie halten sich den Spiegel an die Stirn, mit der Spiegelseite Richtung Boden, und gehen gemeinsam los. Es ist spannend zu spüren, wie man sich als Paar bewegt, wenn das Unten plötzlich oben sichtbar ist. Andersherum geht es auch: Der Spiegel wird auf Höhe der Nase mit der Spiegelfläche nach oben gehalten und beide bewegen sich mit Blick in den Himmel gemeinsam vor-, rück- oder seitwärts.

Genießen Sie diese Übung, solange Sie möchten. Wenn Sie den Boden nicht mehr sehen, bewegen Sie sich bitte vorsichtig, damit Sie nicht stolpern, in einen Ameisenhaufen treten oder sich verletzen. Setzen Sie Ihre gemeinsame Erkundung fort und vergrößern Sie Ihren Aktionsradius im Wald. Nehmen Sie den Wald, die Natur und die Welt gemeinsam mit Hilfe des Spiegels wahr. Und machen Sie noch eine Entdeckung: Finden Sie, wenn Sie in den Spiegel blicken, Ihren Partner! Ihre Blicke treffen sich, auch wenn Sie sich nicht direkt anschauen. Spüren Sie, was auch das mit Ihnen macht. Heißt es nicht, die Augen sind der Spiegel der Seele...?

Wer bist du?

„Arm und Reich benutzen im Urwald den selben Pfad."

Sprichwort aus Ghana

Aufbauend auf die Spiegelübung können Sie noch einen Schritt weiter gehen – vielleicht sogar ein wenig mehr aus Ihrer Komfortzone heraus, als Sie es bislang in den Partnerübungen gewagt haben. Während der gemeinsamen Zeit mit dem Spiegel haben Sie immer wieder Augenkontakt – kurz und direkt, oder auch länger und indirekt über den Spiegel. Bei der folgenden Übung machen wir uns die in der Attention-Restauration-Theory dargestellten Wirkungen der Natur zu Nutze, um unser Selbst, unseren Kern, unsere Identität gemeinsam mit dem Partner zu erkunden und gegebenenfalls neu zu entdecken.

Alex und Sam klären, wer beginnen soll, die Frage „Wer bist du?" zu stellen. Sie stehen sich gegenüber und wählen den Abstand zwischen einander so weit, dass sie sich wohlfühlen. Vielleicht braucht Sam ein wenig mehr Abstand und macht einen Schritt rückwärts. Alex akzeptiert dieses Bedürfnis, rückt nicht nach und beweist damit Empathie. Alex und Sam schließen kurz die Augen, sammeln sich und nehmen einige ruhige Atemzüge. Wenn sich beide zentriert fühlen, blicken sie sich tief in die Augen. Dabei wird nicht gesprochen. Erst wenn Alex den Impuls spürt, wird Sam die Frage „Wer bist du?" gestellt. Sam antwortet mit einem Wort oder einem kurzen Satz. Danach kehren beide in die Stille zurück. Wenn Alex erneut den Impuls spürt, wird Sam wieder gefragt: „Wer bist Du?". Sam antwortet dann mit einem anderen Aspekt der eigenen Persönlichkeit. Dieser Ablauf wird mehrfach wiederholt, bis Alex intuitiv den Rollenwechsel vorschlägt.

Alternativ legen Sie zu Beginn der Übung fest, wie oft jeder den anderen fragen soll oder vereinbaren Sie einen festen Zeitraum bis zum Wechsel. Wenn Sie diese Übung das erste Mal ausprobieren, wählen Sie eine Dauer zwischen zwei und drei Minuten oder fünf bis zehn Fragen; steigern Sie gerne Dauer und Häufigkeit bei den nächsten Malen.

Spüren Sie in sich hinein, wie es Ihnen dabei geht und was dieses Spiel mit Ihnen macht – sowohl wenn Sie die Frage stellen als auch, wenn Sie die Antwort geben. Vielleicht haben Sie während der Übung das Bedürfnis, den Abstand zu Ihrem Partner zu verkleinern. Tun Sie dies vorsichtig und einfühlsam. Sofern Ihr Gegenüber durch ein Handzeichen signalisiert, dass dies nicht gewollt ist, halten Sie bitte den Abstand ein. Der Partner hat nunmehr selbst die Möglichkeit, den Abstand zu verringern – nach seinen Wünschen und seinem Zeitpunkt.

Achtung: Diese Übung kann emotional sehr tief gehen – seien Sie darauf vorbereitet! Vielleicht möchten Sie einander danach in den Arm nehmen. Das ist eine Reaktion, die ich selbst erleben durfte und die meine Teilnehmer bei dieser Übung oft zeigen. Vereinzelt habe ich Tränen fließen sehen, da die Partner überwältigt waren von Dankbarkeit, Liebe und Respekt. Aber auch Tränen der Trauer und Unsicherheit. Dann werden Trost, Zuspruch und Mitgefühl benötigt. Nehmen Sie sich Zeit, Ihre emotionalen Wogen zu glätten, bevor Sie eine weitere Übung in Angriff nehmen.

Waldkunst

„Der Anfang aller Kunst ist die Liebe. Wert und Umfang jeder Kunst werden vor allem durch des Künstlers Fähigkeit zur Liebe bestimmt."

Hermann Hesse

Kreativ und gestalterisch kann sich die Übung **Tongesichter** an „Wer bist du?" anschließen. Nach der intensiven vorangegangenen Erfahrung bietet sie Raum zur Verarbeitung der eigenen Eindrücke und ermöglicht es, sich mit dem Eigenbild seines Partners zu beschäftigen. Hierzu verwenden Alex und Sam roten und/oder weißen Töpferton, jeweils zwei Stücke à 200 Gramm. Bitte achten Sie darauf, dass es sich um Naturfarbe handelt, mit dem der Ton eingefärbt ist. Diesen Ton erhält man in den meisten Baufachmärkten, Bastelfachgeschäften und online in den Größen ein oder fünf Kilo.

Alex´ und Sams Aufgabe besteht nun darin, an einem Baumstamm aus dem Ton und verschiedenen Naturmaterialien ein Abbild des Gesichts des Partners zu gestalten – und je nach Lust und Laune daneben das eigene Abbild zu kreieren.

Beide stellen ihre Werke einander vor. Lachen und Schmunzeln sind dabei natürlich erlaubt. Die Tongesichter können am Baum verbleiben; da es sich um Naturmaterial handelt, werden weder Baum noch Umwelt geschädigt. Vielleicht erschaffen Sie jedoch Ihre Tongesichter ein wenig abseits des Weges und haben so die Chance, Ihre Kunstwerke zu einem späteren Zeitpunkt erneut zu besuchen.

LandArt sind vergängliche Kunstwerke aus Naturmaterialien, die in der Natur geschaffen werden und dort verbleiben, bis sie von der Natur wieder abgebaut und aufgelöst werden. Gerade als Paar macht es sehr viel Vergnügen, gemeinsam etwas zu erschaffen und gegenseitig die Kreativität anzuregen.

Alex und Sam einigen sich darauf, ein gemeinsames Kunstwerk aus Blättern, Ästen, Steinen und sonstigen Materialien des Waldes zu erschaffen, und zwar ohne miteinander zu sprechen. Es gibt keine Vorgabe zur Gestaltung oder Form, maximal einigen sich die beiden auf eine bestimmte Zeit. Das Kunstwerk entsteht Schritt für Schritt und nach Ablauf der Zeit (oder der Lust) betrachten die beiden ihr Werk und teilen miteinander, was es für sie darstellt und was sie beim Entstehungsprozess empfunden haben. Als Variante können Alex und Sam auch eine konkrete Form wählen – ein Herz, ein Baum oder auch ein Mandala mit verschiedenen Feldern. Dabei wird beispielsweise jedes Segment nur mit einer bestimmten Art Material befüllt: das erste mit Tannenzapfen, das zweite mit Laub, das dritte mit Bucheckern…. Für LandArt gibt es noch viele weitere Möglichkeiten. So bietet sich im Herbstwald die Gelegenheit aufgrund der Vielzahl an Farben einen bunten Regenbogen aus Laub zu legen. Sie können auch jeder für sich ein Kunstwerk erschaffen. Nach einer abgesprochenen Zeitspanne betrachten Sie gemeinsam Ihre kunstvollen Schöpfungen und erzählen einander, was Sie jeweils darin sehen und was das für Sie bedeutet. Jetzt haben Sie erneut die Möglichkeit, mit den Augen des anderen dessen Welt zu entdecken.

LandArt-Herz

Eine besondere Form der Kreativität ist das **LandArt-to-go.** Hierfür nutzen Sie eine Pappkarte, auf der ein Streifen doppelseitiges Klebeband angebracht ist. Während des Schlenderns können Sie zum Beispiel die unterschiedlichen Facetten von Grün wahrnehmen und auf dem Pappstreifen aufkleben – von Dunkelgrün nach Hellgrün. Oder Sie nutzen die ganze Farbpalette von Schwarz über Dunkelbraun zu Grün und Ocker bis nach Hellgelb. Vielleicht kleben Sie einfach nur Naturmaterialien auf, die Ihnen gefallen: ob der Form, der Farbe, der Haptik oder des Geruchs wegen – ganz nach Ihrem Gusto. Natürlich kann auch jeder für sich eine eigene LandArt-to-go-Karte nutzen und gestalten. Zeigen Sie einander Ihre Sammlungen und tauschen Sie sich darüber aus. Gewinnen Sie Anregungen und wertvolle, neue Sichtweisen.

LandArt-to-go

Teezeremonie und Gaumenfreuden

„Kein Genuss ist vorübergehend; denn der Eindruck, den er zurücklässt, ist bleibend."

Goethe

Sie haben nun bereits viele Übungen kennengelernt, die Ihre Sinne ansprechen. Nur der Geschmackssinn war bislang wenig gefordert. Mit den folgenden Übungen bietet sich die Gelegenheit, diesen in den Vordergrund zu stellen, ohne die anderen Sinne zu vernachlässigen.

Alex und Sam suchen sich ein angenehmes, ruhiges Plätzchen unter Bäumen. Für die **Tee-Zeremonie** haben sie sich folgende Utensilien in den Rucksack gepackt:

- eine durchsichtige, kleine Teekanne aus Glas
- zwei Teegläser
- eine Thermoskanne mit heißem Wasser
- Teekräuter, beispielsweise eine Teeblume; frische Pfefferminze oder Fichtennadeln
- einen Holzlöffel
- ein Platzdeckchen als Unterlage für die Tee-Utensilien

Alex und Sam stimmen sich ab, wer heute die Zubereitung des Tees übernimmt, Sam bietet an, dies zu tun. Die Zeremonie verläuft schweigend, lediglich Sam spricht Einladungen aus. Sam legt die Teekräuter in die Kanne und übergießt sie mit heißem Wasser. Je höher Sam die Thermoskanne hält, desto schöner und erlebnisreicher wird das kleine Spektakel des in die Teekanne fließenden Wassers. Sam lädt Alex ein, den aufsteigenden Dampf bewusst wahrzunehmen und auch das Wasser zu beobachten, zu lauschen, wie es in die Kanne plätschert, zu sehen, wie es kleine Perlenketten aus Tropfen bildet und sich spritzend vermischt. Sam lenkt mit sanften Worten Alex´ Wahrnehmung auf weitere Aspekte bei der Zubereitung: auf den Duft des grünen Tees oder der Pfefferminze, der beim Zufächeln des Dampfes riechbar wird. Auf die Färbung des Wassers von durchsichtig über zartgrün nach sattgrün. Nun befüllt Sam die Teegläser und reicht Alex eines. Beide schnuppern am Glas, beobachten die Lichtspiegelungen auf der Oberfläche des Tees. Vielleicht halten sie das Teeglas einmal gegen das Licht und beobachten, ob und wie sich die Farbe ändert. Danach lädt Sam Alex ein, vorsichtig die Lippen mit dem Tee zu benetzen, einen ersten, zarten Geschmack zu erahnen und die Temperatur des Getränks zu spüren. Dann nehmen sie wieder einen winzigen Schluck und spüren nach, wie er sich langsam über die Zunge verteilt. Sie konzentrieren sich vor allem auf den Geschmack und wie dieser sich im Laufe der kurzen Zeit verändert. Vielleicht nehmen sie noch zwei, drei weitere kleine Schlucke, um dem Teegeschmack länger und intensiver wahrzunehmen. Danach lädt Sam Alex ein, in eigenem Tempo den Tee Schluck für Schluck auszutrinken und sich dabei zu überlegen, wofür Alex im jetzigen Augenblick dankbar ist. Wenn beide ausgetrunken haben, ist die Tee-Zeremonie beendet.

Wenn Sie diese Tee-Zeremonie durchführen, lassen Sie sich Zeit. Sollte es kalt sein, denken Sie daran, eine Sitzunterlage und eine Decke mitzunehmen. Eine Rettungsdecke aus Gold-Silber-Folie ist sehr platzsparend und isoliert gut. Frierend und unter Zeitdruck kommen Sie nur schwer in die Achtsamkeit, die diese Übung erfordert und zugleich so bereichernd macht.

geöffnete Teeblume im Tee-Sud

Wenn Sie lieber mit leichtem Gepäck unterwegs sind, gibt es eine feine Alternative: **Achtsam eine Physalis essen**.

Hierfür suchen sich Alex und Sam ebenfalls ein ruhiges Plätzchen und sorgen dafür, dass sie nicht frieren. Alex übernimmt diesmal die aktive Rolle, reicht Sam eine Physalis (Kapstachelbeere) und lädt ein, die Lampionhülle der Frucht einmal bewusst zu erforschen: das feine, sichtbare Adergeflecht, die Form und Falten sowie die Haptik der Hülle, wenn man sie leicht drückt, den Geruch und auch das Geräusch, das entsteht, wenn man die Fruchthülle sanft zwischen den Fingern zwirbelt. Alex regt Sam an, diese zu öffnen und die Innenseite zu erkunden. Was ist anders? Welche Düfte erfreuen die Nase beim Öffnen? Nun lädt Alex dazu ein, die eigentliche Frucht an die Lippen zu führen und mit diesen die Oberfläche zu spüren. Dann beißen beide ein winziges Stück ab und nehmen den Geschmack wahr – oder auch, wie er sich verändert vom Zeitpunkt des Abbeißens über das Kauen bis zum Schlucken. Danach nehmen sie einen etwas größeren Bissen, um die Intensität des Fruchtgeschmacks zu erleben. Für jedes weitere Stück, das verzehrt wird, lädt Alex Sam dazu ein, dies bewusst und in Dankbarkeit zu tun. Diese Übung kann zum Beispiel der appetitanregende Beginn eines gemütlichen Picknicks sein.

Sie werden beim Ausprobieren dieser Übung erstaunt sein, wie intensiv Nahrung riechen, schmecken und sich anfühlen kann, wenn Sie sie ganz bewusst und langsam genießen. Vielleicht ist Ihnen das Wasser bereits beim ersten Riechen im Munde zusammengelaufen. Weitere Früchte, die sich gut für diese Übung eignen, sind Banane, Orange, Mandarine oder eine Erdnuss, die noch in ihrer Schale sitzt. Und vielleicht ist die Übung für Sie ein Impuls, mal wieder gemeinsam zu kochen und das Gericht genussvoll und achtsam zu verzehren. Guten Appetit!

Waldduett mit Hängematte

> „ ´Lege dich in die Hängematte, nicht ins Zeug `, flüstert gern die Faulheit."

Sprichwort aus Deutschland

Ein Waldsolo in der Hängematte ist ein Traum. Waldsolo meint eine Zeit, in der Waldbadende Freiraum haben, in Stille das zu tun, wonach ihnen gerade der Sinn steht, zum Beispiel tagträumen, schlummern, meditieren, lesen, den Geräuschen lauschen, Insekten beobachten. Wer es noch nicht ausprobiert hat, diese Solozeit in einer Hängematte zu genießen, sollte es unbedingt einmal tun. Wenn man sanft schaukelnd in der Matte liegt, mit dem Blick zum Himmel und in das Kronendach der Bäume, haben Geist und Seele die Gelegenheit auszuruhen und Kraft zu tanken. Vielleicht wird daraus sogar ein kleines Nickerchen, das vom Rauschen des Windes oder von Vogelgezwitscher begleitet wird. Das können Sie auch zusammen mit Ihrem Partner genießen – entweder jeder in seiner eigenen Hängematte oder, noch inniger, gemeinsam in einer.

Geeignete Hängematten aus Fallschirmseide mit einer Traglast von bis zu 300 Kilogramm sind bereits ab 25 Euro erhältlich. Die Befestigung an den Bäumen ist relativ einfach, wenn Sie Befestigungsgurte nutzen, die mindestens 2,5 Zentimeter breit sind – diese schonen zudem den Baum und vermeiden Verletzungen der Rinde! Diese Matten sind sehr leicht und platzsparend im Rucksack unterzubringen.
Achten Sie bitte darauf, dass Sie die Hängematten nur an Bäumen befestigen, deren Stamm ausreichend dick und stabil ist und deren Rinde unverletzt ist.

Denken Sie daran, auch hier eine (Rettungs-)Decke mitzunehmen, damit Ihnen nicht zu kalt wird, wenn Sie längere Zeit im Wald „abhängen" und die Seele „baumeln" lassen.

Zwei Bäume im Wind

„Unglücklich ist, wer keinen Freund hat, mit dem er Leid und Schmerz teilen kann. Er gleicht einem Baum, der auf dem Rücken eines Berges allein dem Wind ausgesetzt ist."

Sprichwort aus Madagaskar

Lassen Sie uns noch ein wenig Bewegung in die Sache bringen. Sanfte Bewegungen fördern die Koordination und unterstützen die achtsame Körperwahrnehmung. Als Paar in Bewegung zu sein fördert zudem die Empathie: Welchen Impuls nehme ich gerade vom Partner auf? Welchen Impuls gebe ich zurück? Die meisten von Ihnen kennen diese Art der gemeinsamen Bewegung sicherlich vom Tanzen. Die folgende Übung beschreibt den Tanz zweier Bäume im Wind: von der leichten Brise zum Sturm und zurück.

Sam und Alex stehen sich so nah gegenüber, dass sie sich gegenseitig mit den Händen berühren können. Barfuß[3] durchgeführt wird die Übung noch

---

[3] Achtung: bitte nicht, wenn Sie unter diabetischem Fuß, Neuropathie und/oder Durchblutungsstörungen in Füßen und Zehen oder auch Blutgerinnungsstörungen leiden. Das Verletzungsrisiko ist dabei unbedingt zu bedenken.

intensiver. Sofern die Witterung und die Temperatur es zulassen, probieren Sie dies unbedingt aus! Beide nehmen eine würdevolle, aufrechte und entspannte Haltung ein, die Knie sind leicht gebeugt, die Augen dürfen geschlossen werden. Zunächst beobachten die beiden ihren Atem und lassen diesen einfach fließen.

Dann erden und verwurzeln sie sich. Sie nehmen wahr, wie es sich unter den Fußsohlen, der Ferse und den Zehen anfühlt, fest und stabil auf dem natürlichen Untergrund zu stehen. Bei der nächsten Ausatmung stellen sich beide vor, noch ein wenig tiefer in den Erdboden einzusinken – und bei dem darauffolgenden Atemzug noch ein bisschen tiefer. Dann stellen sich beide vor, sie seien ihr Lieblingsbaum, der seine Wurzeln in die fruchtbare Erdkrume wachsen lässt. Vielleicht merken Alex und Sam ein Kitzeln an den Zehen und der Ferse, wo die Wurzelspitzen austreiben. Das Gefühl der stärker werdenden Verwurzelung darf in ihnen wachsen, sie spüren, wie ihre Wurzeln ihnen Halt und Stabilität verleihen.

Bisher standen Alex und Sam jeder für sich. Jetzt legen sie ihre Handflächen aufeinander und spüren die Wärme und den Druck der Hände des Partners. Nun stellen sie sich vor, wie sie ein leichter Wind umspielt und sie sich sanft als Bäume im Wind bewegen. Ihre Hände befinden sich dabei neben den

Oberschenkeln, die Arme wie hängende Äste. Wechselseitig gehen hier die Bewegungsimpulse von den Händen aus und signalisieren dem/der anderen, wohin man sich wiegt. Alex und Sam beginnen mit ganz zarten und kleinen Bewegungen, der Wind ist nur eine leichte Sommerbrise und lässt die Äste der Bäume behutsam schwingen.

Sobald sich die beiden „eingespielt und eingeschwungen" haben, darf der Wind etwas stürmischer und die Bewegungen etwas größer ausfallen. Dazu werden die sich berührenden Hände nun auf Schulterhöhe gehoben. Weiterhin übermitteln sich Alex und Sam kommende Bewegungen über die Hände. Jetzt darf auch der Oberkörper schwingen und sich dem Wind beugen.

Das Baum-Duo schwingt nunmehr immer vertrauter im Takt des Windes, gibt und nimmt Impulse spielerisch leicht. Nun kommt ein Sturm auf. Sam und Alex dürfen die Intensität weiter steigern und sich als Bäume unter Sturmböen winden, schwanken, gegenseitig stützen und halten. Schließlich flaut der Sturm wieder ab, wird zur steifen Brise und dann zum leichten Sommerwind, die Bewegungen folgen der „Gefühlswitterung" bis zur Windstille. Alex und Sam lösen ihre Berührung, kehren zur Konzentration auf ihren Atem zurück und lassen ihre Wurzeln sich langsam in ihre Füße zurückziehen. Wenn die Verwurzelung aufgelöst ist, öffnen beide ihre Augen und tauschen sich über das aus, was sie in den letzten Minuten erlebt und empfunden haben.

Seien Sie im „stürmischen" Teil der Übung trotz allem behutsam und vorsichtig gegenüber dem Partner, um Verletzungen zu vermeiden.
Berühren Sie sich erneut, wenn Sie die Übung nachspüren und sich mit Ihrem Partner über Ihre Empfindungen austauschen.

Diese Übung eignet sich sehr gut als Abschluss der Waldauszeit. Vielleicht erkennen Sie im Verlauf der Übung die Entwicklung Ihrer Beziehung wieder: Zunächst steht jeder für sich allein, dann erste Kontaktpunkte und ein Ausloten des Miteinanders, gefolgt von einer Phase des intensiveren „Gleichschwingens". Gemeinsam im Sturm den Widrigkeiten der Umwelt trotzen, gemeinsam wilde Zeiten durchstehen. Und auch wieder ruhige Phasen erleben und genießen. Denn der nächste Sturm kommt bestimmt – genauso wie der nächste Sonnenstrahl.

Zu guter Letzt

Ich hoffe, Sie hatten viel Vergnügen beim Ausprobieren der Übungen. Vielleicht haben Sie bereits Ihre Lieblingsübung entdeckt oder finden manche Übung noch ungewohnt – egal, ob direkt als Paar oder mittelbar als anleitende Person bzw. Kursleiter. Wiederholen Sie die ungewohnten Übungen und beobachten Sie, wie diese sich beim zweiten oder dritten Mal anfühlen. Gibt es Dinge, die Sie dann anders wahrnehmen oder können Sie sich leichter darauf einlassen?

Viele Faktoren haben unmittelbaren Einfluss auf unser Empfinden: das Wetter, die persönliche Tagesform, die Jahres- oder Tageszeit, die aktuelle Stimmung. Variieren Sie, probieren Sie aus, spielen Sie mit den Übungen und entwickeln Sie sie weiter, erweitern Sie Ihr Repertoire!
Und wenn Sie mögen: Erzählen Sie mir, wie es Ihnen dabei ergangen ist oder wie Sie die Übungen für sich aus- und weitergestaltet haben. Dafür können Sie mir gerne eine E-Mail schicken an: andreas.schwab@kraftquell.info

Ich beschließe dieses Buch mit einem meiner Lieblingszitate und hoffe, dass Sie sich nach einer Waldauszeit zu zweit genauso fühlen:

„I took a walk in the woods and came out taller than the trees."

Henry David Thoreau

Danksagung

Ein großes Danke an meine Frau Claudia für die Unterstützung bei der Idee und Erstellung dieses Buchs. Für das kritische Hinterfragen des Inhalts und der Übungen an der ein oder anderen Stelle und das kritische Auge bei Rechtschreibung und Grammatik.

Riesigen Dank an Margaretha Löffler für das Lektorat und die wertvollen Impulse inhaltlicher, stilistischer, grammatikalischer und orthografischer Natur. Durch dich wurde das Buch „rund".

Dankschön an Silvia und Dirk, Martina und Martin, Andrea und Martin, Sabine und Klaus-Dieter, die mir erlaubt haben, das Buch farbenfroh mit Bildern zu illustrieren, auf denen sie abgebildet sind.

Vielen Dank, liebe Jessica Schmitz und lieber Martin Klein für die mir überlassenen Nutzungsrechte Eurer Bilder.

Literaturverzeichnis

Arvay, Clemens G.: Der Biophilia Effekt – Heilung aus dem Wald, Ullstein, 2016

Bernjus, Annette und Cavelius, Anna: Waldbaden – Mit der heilenden Kraft der Natur sich selbst neu entdecken, mvgverlag, 2018

Dalchow, Michaela: Waldbaden entdecken für dummies®, WILEY-VCH Verlag, 2020

Schlimm-Thierjung, Jasmin und Wriedt, Cornelia: Wir lieben Waldbaden – Waldbaden-Wissen, Aufgaben und Erlebnistagebuch für die ganze Familie, LIPPLERBOOKZ, 2020

Fotoverzeichnis

Seite 56, oben: Jessica Schmitz, Bergfreiheit, 2021

Seite 63, unten: Claudia Schwab, Neuwied, 2020

Seite 73: Martin Klein, Urbach, 2020

Seite 76: Cedric Schwab, Neuwied, 2020

Alle übrigen Bilder stammen vom Autor selbst

Über den Autor

 Andreas Schwab, geboren 1974, wohnt mit seiner Frau und seinen drei Kindern in Neuwied-Oberbieber am Fuße der Rheinischen Höhen des Westerwalds. Nach fast 25 Jahren im Bankgeschäft, davon lange Zeit als Führungskraft und Prokurist, verlegte er seinen beruflichen Fokus auf die Natur, den Menschen und die zwischenmenschliche Kommunikation. Heute arbeitet er als Kommunikationstrainer, Coach, Resilienz- und Achtsamkeitstrainer in der Natur und als Kursleiter für Waldbaden. Ferner ist er als Dozent und Trainer an der Deutschen Akademie für Waldbaden und Gesundheit tätig. Das Mittelrheintal um Koblenz und Neuwied sowie der vordere Westerwald sind sein Revier, in dem er über die Firma kraftquell – Andreas Schwab und über Kooperationspartner Waldbadeveranstaltungen, Resilienz-, Achtsamkeits- und Kommunikationstrainings sowie Coaching anbietet und durchführt. Weitere Infos: www.kraftquell.info

Raum für Ihre Ideen, Impulse und Notizen

Raum für Ihre Ideen, Impulse und Notizen

Raum für Ihre Ideen, Impulse und Notizen

Raum für Ihre Ideen, Impulse und Notizen